Habitaré en tus sueños

Gaspar Jiménez

Habitaré en tus sueños

(Antología 2013-2024)

Acuarela de portada:
Lala Llorens

Vision Libros

© Obra: HABITARÉ EN TUS SUEÑOS

Primera edición: Abril, 2024

© Autor: GASPAR JIMÉNEZ

ISBN: 978-84-19559-62-3
Depósito Legal: M-9049-2024

Maquetación: Jesús Navarro Bravo

© Editado por VISION LIBROS www.visionlibros.com

Gestión, promoción y distribución: Grupo Editor Vision Net S.L.
C./ San Ildefonso 17, local, 28012 Madrid. España.
Tlf: 0034 91 3117696 // Email: pedidos@visionnet.es
www.visionnet-libros.com

Disponible en librerías físicas y online.

Las opiniones expresadas en este trabajo son exclusivas del autor. No reflejan necesariamente las opiniones del editor, que queda eximido de cualquier responsabilidad derivada de las mismas.

A mi mujer

.

PRÓLOGO

Transcurrieron muchos años hasta que tomé la decisión, poco antes de jubilarme, de escribir poemas. Sólo había publicado un pequeño poema, de muy joven, en la revista **Caracola** de Málaga donde nací en 1934.

Fue al borde de mi jubilación cuando, a lo largo de los días fui recordando experiencias, sentimientos soterrados, paisajes que tenia olvidados, personas, libros (¡muchos libros!) que, todo en su conjunto, serian la motivación de mi nueva andadura por los versos.

Un día, llegó a mis manos, una antología de poemas de la malagueña **Mª Victoria Atencia**. Fue su lectura para mí, el impulso que necesitaba para echar a andar en mi tardía vocación de poeta. De sus poemas decía **Mª Zambrano**: Son "la perfección sin historia, sin angustia sin sombra de duda".

Fueron, precisamente estos, los que despertaron en mí, junto a algún poeta del 27, una vocación que, a mi edad —ya declinando los años— constituyo un desafío al tiempo. Y que espero, mientras Dios me de vida continuar...

"PRIMEROS POEMAS"

*"En el principio fue,
acaso, una mirada"*

Leopoldo de Luis

ENSOÑACIÓN

nocturno nº 2

Chopin

No quiero molestarte:
la brisa transparente duerme
al pie de tu ventana.

No quiero despertarte: apenas respiraré
dejando mis pasos
en el brocal de tus sueños.

No dejaré
que la mariposa leve descanse en tu piel;
ni que la luz destruya
la sombra de tus párpados.

Duerme tranquila en tu cuarto
de cortinas reposadas,
esperando,
que un pájaro de rosadas plumas
picotee suavemente
—sin rubor—
tus dormidos labios.

DESPERTAR

Acógeme,
en el hueco ceñido
de tu mano.
Enciérrame en el valle,
que desciende en ti
como un dulce oleaje.
Refréscame los párpados
con tu saliva fiel
de espuma de verano;
que tus dientes, blancos,
como los acantilados de Dover,
estallen en mi piel.

No abras la ventana helada:
las sabanas,
están calientes todavía,
en la mañana
—afilada—
del aire.

INCERTIDUMBRE

"Si renuncio a la vida
es para hallarla luego
conforme a mi deseo, en tu memoria"

Luis Cernuda

¿Dónde estabas tú
cuando no había
mañanas compartidas,
ni esquinas cómplices,
ni luces nacaradas?

¿Dónde descansabas tú
antes de que un mar
de árboles quemados ocultara
las gráciles huellas de tus pasos?

¿Dónde anidaban entonces
los labios despiertos
al beso inesperado?

Dime, amor,
¿cómo te encontraré buscándote
—perdido—
en los espacios olvidados?

ALGUNA VEZ

"Cada día es el día que es
y nunca ha habido otro igual
en el mundo"

Fernando Pessoa

Es tan fácil olvidar... ¿Recuerdas?
Mis manos escalando tu piel,
deteniéndose, asombradas,
en el quicio de tus sueños,
recorriendo playas y arrecifes
antes no imaginados,
tragando aliento
como ondas heridas.

Y huias temerosa
como ola indefensa,
perdida en la arena,
anegada de sol de verano.

Mira mis manos:
están gastadas
las yemas de mis dedos,
hoy liberadas.
Acariciando lágrimas,
mi lengua permanece
en el olvido
del gemido azul
de la mañana.

LLUVIA CON PARAGUAS

Me abandoné
a su protección cómplice,
como en un hueco
de paredes rescatadas.
En el último espacio,
no sentíamos
las débiles gotas
que con rumores blandos,
aromaban la tierra
que, sin prisas, pisábamos.

Acogidos en la noche,
todo era ardor
de cuerpos indefensos,
y el aliento se fundía
a otro aliento desvelado.

Se adivinaban
las rosas escondidas,
los dormidos frutos
en un frescor naciente
de primavera cercana.

Esperábamos,
las vidas desdobladas,
las tardes relucientes,
las noches sosegadas.

El Tiempo, en duermevela,
guardaba secretos sin nombres
en el armario del alba.

DESCUBRIMIENTO

"y vuestro cuerpo es el arpa de vuestra alma"

Gibran Khalin Gibran

Surges de la nada
como el pájaro
o el olor del jazmín.
Y me envuelves
—todo entero—
con tu aliento
y con tu piel.
Y respiro
el aire dorado
por tus cálidos poros, esperando,
—prisionero—
la puerta entreabierta
del verano.

FUGACIDAD

Cada día,
usarlo como quieras,
recorrerlo en rápido ejercicio,
esperando
—sosegado—
el paso de las horas.

Convertir el destino
en brisa
que ondula, pensadora,
y en la mañana,
derribar muros
que al corazón oprime.

Y convertirlo todo
—lentamente—
en voz enamorada.

SIN PRISAS

No pude llegar
con tiempo suficiente
a tu dócil mejilla,
a tus labios
de pulpa florecida.

No pude crecer
bajo tu piel
donde los pájaros
tiemblan,
y los rencores huyen.

Te ofrecí un vaso
—áureo—
de tiempos soñados.

Y recortaste las horas
quedando,
solo sombras,
descansando
en tu regazo.

DESEOS

Tú siempre querrás tener
lo bello a mano;
la tentación, desvelada
—todavía incierta—
cumplida;
el pecado, desnudo de culpa
en los últimos temblores
de la luz fragante,
descubierto.

Tú siempre querrás saber
por qué no queda tiempo alguno
al filo de la muerte;
por qué el sentimiento
de aquel instante granado,
se desvanece;
por qué, los besos encantados
de aquel día
—del alma suspendidos—
duermen.

Y por qué, todavía
te renuevas a diario
en el aire inerte
de la tarde leve.

GIBRALFARO

Una mejilla virgen
ofrendaba sedas:
fue el primer sabor creado
en la incertidumbre
del aire.

Silencio en las manos:
flor oscura de pétalos
−apenas rozados−
me esperaba
soñando.

ACOGIDA

Quédate conmigo,
olvida
la tempestad
del corazón.

Descansa
en lo que queda
del día,
del sollozo,
—aliviado—
en la oscuridad.

PARQUE GENOVÉS

Jardín de ausencias,
jardín de tus lágrimas
querido,
de tus manos radiantes,
de tus dientes posesivos.

Labrada por tus dedos,
la piel pulsaba
mis sentidos,
perdido,
en tus enredos,
corporales,
invadiendo el otoño.

Y mi voz,
cubría
los puntos cardinales
de tu cuerpo.

FRENTE AL MAR

Una mano cerrada
guardando
latidos imprevistos,
caricias olvidadas.

Una mirada abierta
al horizonte dormido
buscando tu cintura,
descansa.

"EN VOZ BAJA"

*"El objeto del amor no es solo
un cuerpo, sino cuando se funden en él,
una emoción, el miedo a perderlo,
la inseguridad de recuperarlo"*

Marcel Proust

SOBRE LA ARENA

I

Tu voz,
herida de llanto
—en llamas—
sobre la arena descansa.

Tu voz,
buscando la piel
donde duerme
el rumor de la tarde.

Buscarte
y no encontrarte
en el sueño que espera
—paciente—
la mañana:
palabras trilladas
en la era abandonada;
palabras nacidas
al sabor de las caricias sumergidas
en un tiempo lejano.

Tu voz,
herida de llanto,
sobre la arena,
descansa.

II

Tu voz entra en mí
con el calor
de un rio de verano.
Se afianza
—como una vida—
en mis sentidos.
Cubre,
mi desgastada piel
de historias familiares.
Abre ventanas
a la esperanza,
a una mirada en flor,
a una fecha,
a una plaza.

A veces,
queda suspendida
como el humo de leña
desprendido blandamente:
como un beso inacabado,
como un ancla vigorosa
en el fondo de las aguas,
descansando.

ENCUENTRO

Ven a mi huerto
en la tranquilidad
de la noche,
sin gemidos, sin prisas.
Ven a dormir conmigo
sobre la verde hierba,
sobre el aire,
esperanzado.
Aunque vengas a tientas,
darás con el camino.
Ven,
a mi huerto dorado,
a dormir
—abrazados—
con el tiempo, detenido,
en la brisa de los campos:
Que no se pierda
ni una brizna de tu aroma
por el camino.

Ven a mi huerto,
paso a paso
—lentamente—
de amor respirando,
conmigo.

INCERTIDUMBRE

¿Como sabré si existes
si no es
por un vago murmurar
de la sangre,
rondando por tu piel?
¿Como sabré quien eres tu
si no es
por el asombro
que persiste en las sombras
de la tarde?
¿Como adivinaré
qué se esconde detrás
de la "incierta inmortalidad"
que templa
la última Primavera
detenida en tus manos?

¿Cuando sabré
si la nada
sucede a la nada
en el lento caminar
del Tiempo
que la Muerte aguarda?

ERA EL PRIMERO

El amor no descansaba,
siempre floreciendo.
Y todo era tacto y cercanía,
aún cuando lejos estabas.
Llegó, acogido por tu aroma:
fué el primero, siempre,
como un rio vibrante
que inunda mis ojos
y mi garganta.

Clavado en mí
—lentamente—
recorría mi piel
como un secreto,
clamando,
—en el silencio de la tarde—
tu nombre.

Fue también el último,
y llego hasta ti
para quedarse,
siempre.

DESEO INCUMPLIDO

Podría buscarte
y encontrarte,
aún estando atado
de pies y manos:
cortado el aliento
suspendida la memoria
en el Tiempo.

Podría buscarte
aún detenido
el correr de la sangre
en mi cuerpo.

...Surgiendo de la Nada,
quise buscarte
en lo eterno,
muriendo.

LA CITA

Te esperaré,
en el aire abierto
a la noche tenue,
al beso imaginario
creciendo
en tu mejilla.
No importa
la sola soledad
en el silencio
de la música soñada.

Aunque mueran los siglos,
sabed,
estrellas madrugadoras
de mi paciencia
—lúcida—
bajo la Tierra herida,
esperando.

DESPEDIDA

Pon tu mano
sobre mi cabeza,
acariciando
—al fin—
mi piel vencida.
Hazlo,
aunque solo sea una vez
—la última—
en la mañana.
Aunque sea solo
un gesto mecánico
que dure unos instantes.

Hazlo,
para que mis lágrimas
sean rocío
en los frágiles dedos
del Tiempo.
Hazlo, como caricia final
de despedida:
como acunamiento definitivo
en la esperanza
de un sueño.

ADIÓS

Quiero ser educado:
primero,
me despido
de mí mismo,
¡hasta siempre!

Y aprieto mi mano
con tu mano
que ya está fría
en esta tarde
—interminable—
aromada
de sueños soñados.

De ti,
no puedo,
no quiero despedirme:
buscándote en silencio,
siempre me encontraré,
a ti,
encadenado.

ACABANDO

Se deshace el Tiempo
entre mis manos.

Se deshace la luz
en un tenue fulgor.

Rendida,
se deshace
—en pétalos—
la rosa.
Se deshace
el amor
en desamor.

RÉQUIEM

No quiero,
—prescrito el final—
estar junto a las voces
litúrgicas
en la soledad del temple.

No quiero templo,
ni oír murmurar
—indiferente—
de las gentes.

Ni que lágrimas
—sin ternura—
resbalen en la piel
de otros muertos venideros.

Solo quiero
quedarme olvidado
entre los dedos
de aquella tarde,
besando tu aliento.

EN ESTE LUGAR

Quisiera morir
en el espacio reducido
de una rosa;
en el recodo
—tibio—
del camino;
en el breve silencio
de un hueco
en la Tierra.

.... En la palma
de una mano
abierta al sueño,
contigo.

"CLAVICÉMBALO BIEN TEMPLADO"

*"Entrando se ha la esposa
en el ameno huerto deseado,
y a su sabor reposa
el cuello reclinado"*

San Juan de la Cruz

LA CANCELA

Dorada por la luz
de tu rostro,
durara,
más allá de la Muerte
la mañana.

Sabor del jazmín
—blanco resplandeciente—
que el mediodía
incendiaba.

Dos árboles frutales
afirmaban sus raíces
—en el secreto de las horas—
junto a tu ventana.

Un destello de Sol
en la cancela
—blancor brillante—
que se abría gozosa
a tu llegada.

NUBES EN LA CIUDAD

Comenzaban a llegar
en silenciosas bandadas,
como aves desplegadas al viento.
En la templanza de aire
algún desgarro azul,
quedaba.

Podría con las manos alcanzarlas
en su lento dejarse ir
por las hondas avenidas
en calma.

Nubes, sobre las terrazas otoñales,
limpias de tormentas
—paraísos puros—
que guardaban las fragancias
de las sierras cercanas.

Dentro de las casas,
arropan el tedio
de las tardes soñolientas,
de los recuerdos
que, sin rumbo, viajan.

En el pórtico
de una catedral protectora
—paso a paso—
a mi, te acercabas.

ABRIL

*"El cielo descendió más y más
sobre el mundo y esparció, lentamente,
sus claridades"*

Wladislaw Reymont

Para abril,
nacerán de nuevo mis palabras,
renacerán los sueños,
declinará el temor,
y, en los dormidos muros
lloverán mis versos.

Hilando rimas en el aire
me traerán los pétalos de agua
diáfanas sonatas
—Corelli, Vivaldi, Bach—
enlazadas en mis dedos.

Para abril,
vendrán a mi pluma,
palabras que deshilan luz,
el rumor de aquella acequia,
tu trenza cortada
como flor en Primavera.

Para abril,
me quedaré sin aire
con el corazón abierto
—esperándote—
en la soñada ribera.

ES TIEMPO

Ven conmigo a mi lado
mientras el Tiempo rueda:
es hora de abrir cajas guardadas,
despertando recuerdos,
—anclados—
en la raíz del sueño.

Destruimos,
—tu y yo—
aquellas cartas
que se tocan con el alma,
con los dedos.

Y que serán convocadas
—por el fuego—
al viento.

Es Tiempo de despedidas:
brota un dolor encendido,
beso a beso,
en nosotros fluyendo.

Voy caminando, amor hacia Algo:
rumores de voces juntas
me esperan
en silencio.

MANUALIDADES

Entretejer el Tiempo
con los hilos engastados
en la honda quietud
de unas calles.

Entretejer las sombras
—en sosiego—
en una urdimbre
de silencios,
como vestido de caricias
que me arropan.

Entretejer otoños
que fueron blando olvido,
escapando,
por las grietas de las horas.

Entretejer,
voces, gritos o lágrimas,
—al caminar errante—
donde el silencio,
en la dulce quietud
de tus manos
se tejió de sueños.

INTERROGANTES

¿Quedará en la memoria
el rumor de aquel encuentro,
solo, como un recuerdo,
perdido,
en los espacios del Tiempo?

¿Despertará tu voz
–cerca de mi voz–
a la sombra de un sueño?

¿Quedarán nuestra palabras
grabadas a fuego
en un amanecer lento?

¿O quedará solamente
un dejarse ir
por el morir despierto?

"CUARTO CRECIENTE"

"Tu delicada mano silente
por donde entro despacio, despacísimo,
secretamente en tu vida,
hasta tus venas hondas totales donde bogo,
donde te pueblo y canto completo entre tu carne"

Vicente Aleixandre

(Poemas inéditos)

DESEO

Fuera del tiempo
—las horas, por el aire
discurriendo—
sin que la luz,
—claroscuro de sombras,—
reconozca mí Silencio.

¡Llegar al otro lado
—sin atajos,
quedamente—
contigo siendo!

ESTABAN ESCONDIDOS

Hace tiempo
que estábamos allí
en la Ciudad Jardín
—ajardinada—
donde las tinieblas del corazón
no tenían poder;
donde las palmeras
—ecos del aire—
engrosaban sueños sin rubor
en el misterio de la tarde.
La noche, acercándose
en su azul oscuridad
debió abrazarnos
en sus luces fugaces.

Y allí, estaban para ti,
—escondidos en la plenitud
de un nocturno—
todos mis versos que,
tardíamente,
colman de palabras
estas páginas vírgenes.

ABANDONO

Sé muy bien,
como se pronuncia tu nombre
desde esta lejanía entreabierta
en apacible destierro.
¡Como quedó tu palabra
enraizada en mí
—letra a letra—
quedando tu voz e mi voz clavada,
bordeando el aire
como en un sueño agitado!

... Tu, junto a mí
dejamos en las aceras
huellas desnudas, vividas,
sobre un enjambre de latidos.

Éramos habitantes
de una arboleda sin horizontes
aunque los parques, bancos, palomas
—desplegando misterios—
inundaban las auroras
cada día.

EN LA MEMORIA

Aquella Navidad
se afianzó en mí
—como estanque yerto
de aguas en reposo—
protegida del viento.

Carretera arriba,
nos dábamos la mano
y nos envolvía
—lentamente—
la noche aromada
de jazmines y esperanza.

FUE, EL NACER

Fue el primer roce
de mi mano en tu mano,
—gozosa sombra de un deseo—
fue, como una luz en vilo,
vibrando;
como un tenue destello
de la piel;
fue, como el blanco perfil
del ala de un pájaro;
un camino abierto,
un sueño dorado.

Fue, el primer roce
—que quedó cautivo—
de mi mano
en tu mano.

TRANQUILIDAD

Destilas paz
por donde pasas
sobre la soledad
que, fértil, te sustenta.

Dulcificando
mis vagas inquietudes,
tus labios granados,
esparcen sueños
por los caminos
—dolientes—
del gris olivo
de los campos.

PALABRAS EN SOMBRAS

Una voz,
pude romper
los inciertos bordes del silencio;
Una voz
puede quebrar el cristal
de las encendidas aguas;
Una voz,
puede herir
las ondas luminosas del Tiempo;
Una voz,
puede alterar
el aire vivo de un recuerdo,
haciendo vibrar,
el vuelo corto de un sueño.

A solas me quedo
bajo la sombra de tu voz
en el gozoso despertar del Tiempo.

PROPIEDAD EN PLENITUD

Es mío,
el trémulo sendero
que, en la lejanía,
—sin perder mis pasos—
se desborda en trinos.

Es mío,
este pisar la Tierra
en el lento agosto
en una búsqueda esperanzada
sin cardinal desvío.

Mío,
este quemar el Tiempo,
este aventar las horas,
este tocar las sombras
enlazadas a tu cuerpo.

Este besar
—sin prisas—
tu corazón herido.

ESPLENDOR EN LA CARRETERA

Bajo el paraguas,
íbamos,
enlazando besos:
hilvanando,
una futura historia
de inciertos sueños.

AMOR

Donación eres
entre las sombras
—sosegadas—
de mi huerto.

Convocado estoy
como el agua en Primavera:
de ti,
sediento.

MEDIODÍA

Hierve el agua fugitiva
mientras los pájaros
ajustan su vuelo a la rama.
Llegábamos sin prisas
—no eran todavía
las dos de la tarde—
y tu, convertías
el aliento de los campos
y de la huerta
en manjares ligeros.

Fue la hora
de entornar la puerta,
quedándonos,
en amigable soledad.

Fuera, el Sol se resistía
a desliar la luz
sobre la ventana abierta.

AQUEL VERANO

El verano
—efímero cansancio—
alcanza
al mediodía sin nubes
su júbilo de fuego.

El pájaro,
—confiado—
busca
en las ardientes sombras,
agua escondida
en tu pecho.

La luz,
amanecida en tu cuerpo,
contempla,
cómo las templadas horas
se deslizan por tu piel
a la sombra
de un sueño.

PLAYA AL ATARDECER

Tu nombre es, sobre el mar,
como un tapiz
de verde hierba acogedora.

Tu nombre vibra
como el roce de un latido
—bajo el calor de una tela—
que la mañana enciende.

LA HORA

Tus manos,
desprendiendo olores templados
—limón, pimienta, laurel—
convocaban a la mesa,
desgranándose el Tiempo
en el lento hacerse
de las horas.

Y una paz
—fragancia acogedora,
como un tapiz en trance—
me envolvía
—dulcemente—
en su trama.

EN EL UMBRAL
DEL PARAÍSO

(Poemas inéditos)

SOLEDAD CON LUZ

Que soledad hay
en mi tendida mano:
si miras mis venas
verás en ellas
un pálpito que sueña contigo,
un calor delicado
que a veces, reposa
sobre la tranquila luz
de la mañana.
Otras, se alza
—osada—
acariciando, sin prisas,
el leve esplendor
de tu mirada.

ESPERANZAS

Si yo pudiera acogerme
a aquel Tiempo
que ceñía tu cintura de esperanza.
Si yo pudiera imaginar
que el resplandor de aquellos días
—junto a ti—
volvería a mi frágil memoria.
Si yo, de nuevo, pudiera tocar
cielos, campos rosas, risas, besos
que, el dolor de la soledad buscada,
de mi, alejaban.

Recordaría entonces
que aquello
—siempre—
retornaría a mi;
que aquel pasar quedando
en las tardes, contigo
colmaría mis sueños
quemaría de amor
las ultimas horas
de mi alma.

CAMINAR DESPRENDIDO

Por los caminos del alba
recorreré impaciente
el lento despertar de las horas;
me asomaré
—olvidadas las sombras de la noche—
a la quietud
del apacible perfume
de las rosas;
naceré a la vida en libertad
—levemente muriendo—
en la ternura acogedora
de las sombras
de tu corazón en calma.

PAZ INVISIBLE

Hay un descanso buscado
tras el agobio infantil
de una lluvia sin paraguas;
hay un latido del Tiempo
que sobrevive
bajo la luz ambigua
de la esperanza;
hay una paz deseada
sobre la incertidumbre
de la tarde...
Busco la paz
en el tumulto de la calle;
en la luz que apacigua
la palabra;
en la escritura que fluye
—como un torrente—
en la espesura del alma;
en la canción del pájaro
que se adentra en ti
como un sueño desbordado.

DESPEDIDA (I)

Desde un cansancio sin límites
deshaciéndose los días
como humo blando y fugitivo
con un fresco ardor
en la sangre desvalida
me despido sin lágrimas:
de la hierba temblorosa del jardín;
de la fatigada lluvia
que cubre
con su tibieza de salón
el vuelo de los pájaros remotos;
de la mariposa débil ya,
sin el suave polvo de sus alas
claudicando sobre la amorosa tierra.
...Y también
de la mañana limpia y acogedora;
del medio día
de cálidos contornos;
de la tarde violeta
con secretos escondidos
en el regazo de la oscura noche
y de mi amor a ti que no muere
y que cubre
—benévolo—
los resquicios perdidos
de mi alma.

UN RECUERDO

Mi mano,
abandonada
sobre tu piel desnuda:
dulce presión,
leve empuje silencioso
apenas rozando
el vacio
de un fértil deseo.
Allí,
el aroma
quedó anclado
–ensimismado–
como suave sombra,
arrebatada,
sobre la tibia oscuridad
de tus ojos.

ODA A LA MUERTE

Es difícil aceptar,
sin torcer el gesto,
la horizontal muerte.
...Había, sombras heladas
—deshaciéndose—
en el último vivir.
Ya tenías
el aliento cansado
en la tarde doliente.
Y la hueca esperanza
bullía, tímida
más allá del sentir
muy lejos,
un mar de plomo
cubría, tímida,
la memoria desgarrada
donde, angeles olvidados
trenzaban el Tiempo
ya, sin ti.

LLUVIA (I)

No encontraras
un lugar en mí
que no tenga tu huella.
Al término de los años
—en el dulce acontecer
de los sueños—
compartimos
el tranquilo resplandor
de la lluvia.
...Y el paso de las horas
sobre la Tierra.

ODA A LA SOLEDAD

La soledad es siempre
soledad lenta;
es, reina de la memoria
que en la sombra de tu mano,
me acoge,
sobre la blanca arena.
Soledad del llanto
que llama a la puerta,
contando
—uno a uno—
los latidos del mar
sobre mi pena.

SUEÑO QUEBRADO

¡Qué hondo
era el abismo!
Al fondo, de tus ojos
—en la oscuridad—
los pájaros ciegos
cruzaban, el aire
de un lado a otro,
construyendo
sobre tus parpados
—sin ver la luz—
sus nidos.

LLUVIA (II)

Me basta un sorbo
de sombra soleada
que aliviara el sopor
de un día de lluvia apacible.

Quería dejar aparcado
el hogar:
no regresar nunca.
Ir, donde el gozo rebasara
el borde de las horas;
ir más allá de las sombras,
renovando contigo
las noches de ternura.

Ignoraba,
que la muerte derramada
en aquel Réquiem de Mozart,
diluía la noche,
suspendiendo,
los claros cantos del Alma.

INICIACIÓN AL ÓLEO

Quería vivir dentro del lienzo:
plantas, cielo, mar, velas
iniciaban su ardor de fuego.
Sobre la paleta virgen
que, el secreto de la luz y del vacío
guardaban, el pincel del olvido
esperaba manteniendo su asombro.
Y mis manos,
acariciaban tus manos
—roto el blanco de espuma inquieta—
sobre la tela gozosa, que esperaba,
el frágil acoso de mis dedos.

Voy en pos de ti,
de tu certeza;
muero sobre tus brazos
como una roca viva;
¡quién bebiera del agua
que despliega sobre tu boca!
¡quién encendiera las tinieblas
que en mi habitan!
Derribado mi nombre
sobre las olas,
solo queda
el aliento de los bosques
que inflaman mi corazón
que tu,
solo pueblas.

ENCUENTRO

La elegancia
de unas alas
—armazón vivo
sosteniendo el aire—
solo fue posible
mantenerla intacta
sobre un trazo
de rosa desvelada:
te encontraras conmigo
—entretejida—
en el desbordado verde
de un tallo,
como vegetal pulso
de la tarde,
como un resto
de suspiro terminal
en un día cualquiera,
desvelaba tu paz
ante mis ojos.

TORRE DE IGLESIA

...Lágrimas de Sol
llamean
tu mirada adolescente;
ternura,
en el hueco
−dulce−
de la torre sin pájaros;
se deshacen en un rumor
de árboles del rio.

Caen las rosas
−blandamente−
entre tus manos.

MISTERIO

Quién me estará convocando
en este instante, rendido
sobre un aire engalanado
de cálidas promesas.

Quién me devolverá el recuerdo
de los desaparecidos al otro lado del río,
sin ser vistos por la noche.

Quién permanecerá junto a mí
cuando las sombras demoradas
de la muerte
me envuelvan en tenues fragancias,
dormidas, sobre mármoles estremecidos.

Quién descubrirá mañana
los pensamientos escondidos
entre las flores y la hierba,
sobre el vaho tenue
de tu aliento conmovido.

EN LA VENTANA

...El recuerdo estalla
entre las sombras del corazón;
la ventana abierta
siembra luces clandestinas;
una voz pide clemencia
por los pecados de ayer;
desdoblando alas
que agitan
el viento húmedo
de la tarde;
siento la desnudez de tu beso
que hiere
—dulcemente—
el Tiempo pasado
junto a ti.

El lápiz
dibuja las palabras
en estas últimas páginas;
en el silencio dormido
sobre la desnuda soledad;
en el pecho, trémulo de caricias.
Es, mi Paraíso prestado
a la incertidumbre de tus sueños
que deshacen
—habitados por mí—
las tinieblas del alma.

ÍNDICE